Fantasial  Editions

Un livre complet qui regroupe des blagues, des énigmes, des charades, et des casses têtes.

☆ ☆ ☆ ☆ ☆

Merci beaucoup d'avoir acheté notre livre.

☆ ☆ ☆ ☆ ☆

Que dit un serpent à un autre serpent? Quelle heure reptile!

Comment appelle-t-on un chien sans pattes? On ne l'appelle pas, on va le chercher!

BLAGUE 3

Deux canards sont sur un étang.– Coin, Coin, dit l'un. L'autre répond:– C'est dingue! C'est exactement ce que j'allais dire!

BLAGUE 4

Quel animal est le plus malheureux?– l'éléphant, parce que Dieu lui a donné deux yeux avec défenses d'ivoire.

BLAGUE 5

Mon saint-bernard est un chien exceptionnel !- Comment ca?- Il m'emmène le journal tous les matins!- Et alors? Il n'y a rien d'extraordinaire!- Ben si, je ne suis même pas abonné!

BLAGUE 6

Deux coccinelles font la course. Au bout d'un moment une s'arrête et dit :- STOP! J'ai un point de côté.

BLAGUE 7

Une souris rencontre sa copine: J'ai décidé de me mettre au régime, lui dit-elle. Tu ne manges plus ton gruyère alors? Si, mais je ne mange plus que les trous!

BLAGUE 8

Que se passe t'il quand deux poissons s'énervent?— Le thon monte

BLAGUE 9

Un enfant rentre de l'école et dit à sa maman :– Maman, tout le monde me dit que j'ai des grandes oreilles! Sa mère lui répond :– Mais non, mon lapin…

BLAGUE 10

Un policier arrête un automobiliste.– Vous n'aviez pas vu le feu rouge?– Oui, c'est vous que je n'avais pas vu!

BLAGUE 11

Un frère et une soeur se disputent… – Grosse vache! – T'es qu'un âne !! – Pauvre dinde! – Gros porc! Leur mère intervient :– Oh, la ferme!

BLAGUE 12

Pourquoi les souris n'aiment pas jouer aux devinettes? Parce qu'elles ont peur de donner leur langue au chat.

BLAGUE 13

Une maman appelle sa fille:- Peux-tu m'aider à changer ton frère?- Pourquoi, il est déjà usé?

BLAGUE 14

Une maman citron dit à ses enfants :" Pour vivre longtemps, il ne faut jamais être pressé! "

BLAGUE 15

Pourquoi les mille-pattes ne peuvent-ils pas jouer au hockey? Le temps d'enfiler leurs patins, la partie serait déjà terminée!

BLAGUE 16

Le client demande au serveur, en consultant la carte :– Garçon,que me recommandez-vous en toute confiance?– Un autre restaurant!

BLAGUE 17

- P'paaaa? Tu pourrais écrire dans le noir??- Oui, bien sûr.- Tu pourrais aussi signer sur mon livret?

BLAGUE 18

Une petite fille demande à son père :- Qu'est-ce qu'on devient quand on est mort?- On devient de la poussière, lui répond le père.- Alors je crois que j'ai un mort sous le lit!

BLAGUE 19

Une jeune fille se plaint à son amie :— A tous nos rendez-vous, il m'offre des fleurs fanées.— Eh bien, essaye d'arriver à l'heure …

BLAGUE 20

— J'ai aperçu ta copine l'autre jour, mais elle ne m'a pas vu !— Je sais, elle me l'a dit.

BLAGUE 21

Un homme entre dans un restaurant :- Garçon, est-ce que vous servez des nouilles ici?- Bien sûr monsieur, ici, on sert tout le monde!

BLAGUE 22

Mamie dit à son petit-fils :- Puisque c'est ton anniversaire, je vais te faire un gâteau avec douze bougies!- Tu sais, Mamie, ce que je préférerais, c'est que tu me fasses douze gâteaux avec une une bougie.

Deux mamans discutent devant l'école :- Votre fils joue du piano, votre fille du trombone, votre femme apprend le chant. Et vous?- Moi, j'apprends à supporter le bruit.

Tu connais la blague du diable? Elle est d'enfer!

BLAGUE 25

L'institutrice demande aux élèves :- Dans la phrase suivante : Le malade est mort des suites de son affection, où se trouve le sujet?- Au cimetière, Madame!

BLAGUE 26

C'est l'histoire de deux pommes de terre qui traversent une route.L'une d'elles se fait écraser et l'autre hurle : Oh purée!

BLAGUE 27

Pourquoi les vaches ne parlent pas? Parce que sur la grange, c'est écrit : La Ferme!

BLAGUE 28

Une grand mère va consoler un petit garçon qui pleure et elle lui dit :– Pourquoi tu pleures? Ca rend très laid de pleurer! Le petit garçon répond:– Vous avez du beaucoup pleurer dans votre vie alors!

BLAGUE 29

Le papa de David lui demande ce qu'il a demandé au père Noël. Et David lui répond :- Je lui ai demandé qu'il vienne plus souvent...

BLAGUE 30

Une petite fille à sa mère :- Maman, qu'est-ce qu'il arrive aux voitures quand elles sont trop vieilles et trop rouillées pour rouler?- Eh bien, il y a toujours quelqu'un qui arrive à les vendre à ton père!

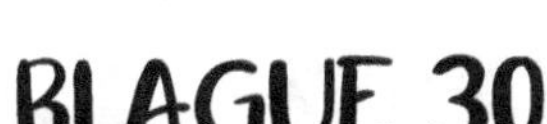

BLAGUE 31

– Oh papa, regarde le joli bateau!– Ce n'est pas un bateau, c'est un yacht dit le père.– Comment ça s'écrit yacht?– Tu as raison dit le père… c'est un bateau.

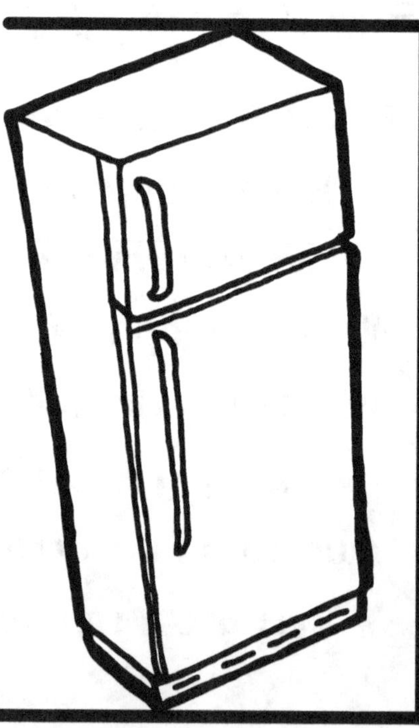

BLAGUE 32

- Pierre, où est ton frère?- Je l'ai mis dans le frigo.- Mais t'es fou, il va attraper froid!- T'en fais pas, j'ai fermé la porte.

BLAGUE 33

Vous saviez que les girafes n'existent pas?– c'est un cou monté!

BLAGUE 34

Un coq attend sa femme à la maternité :– Est-ce que mon bébé poussin est né?– Heu, il y a eu un léger accident vous êtes père d'une omelette!

BLAGUE 35

Un enfant dit à sa mère :
« Maman, ta copine est
là!– Laquelle, répondit la
mère?– Celle que tu dis
qu'elle est moche car elle
une grosse bouche en
forme de bouteille… »

BLAGUE 36

Un fils discute avec sa mère
:– Aujourd'hui, j'étais dans
le bus avec papa. il m'a dit
de laisser ma place à une
dame…– C'est très bien,
fiston, tu as fait une bonne
action.– Mais maman,
j'étais sur les genoux de
papa!

Un petit garçon fait ses devoirs et demande à son père :- papa, où sont les Pyrénées?- Je ne sais pas. Demande à ta mère, c'est elle qui range tout!

La mère de Manu s'exclame :- Pourquoi manges-tu ton éclair au chocolat en te regardant dans la glace?- Pour avoir l'impression d'en manger deux!

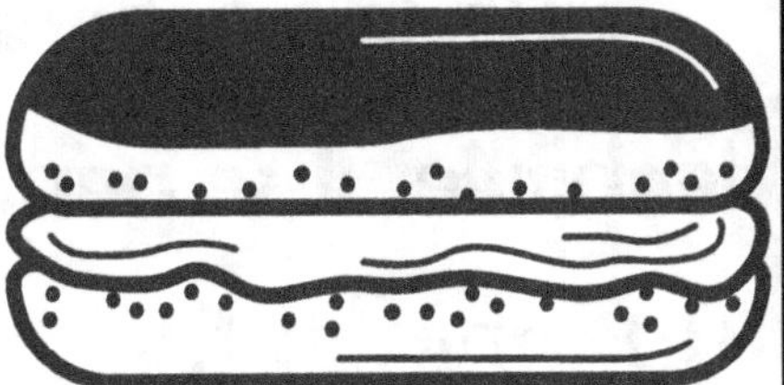

BLAGUE 39

- Maman, il y a quelqu'un à la porte qui fait une collecte pour la maison de retraite. Je peux lui donner grand-mère?

BLAGUE 40

Un bouleau s'aperçoit que son écorce est déchirée. Il se penche vers un sapin et lui demande :- Tu peux me passer une aiguille?

BLAGUE 41

Qu'est-ce qu'un euro dans un avion qui décolle? Une pièce montée...

BLAGUE 42

Un petit garçon à un pilote de ligne :- T'es pilote?!?!? Ca doit être excitant !Le pilote:- Pas si tu fais bien ton travail...

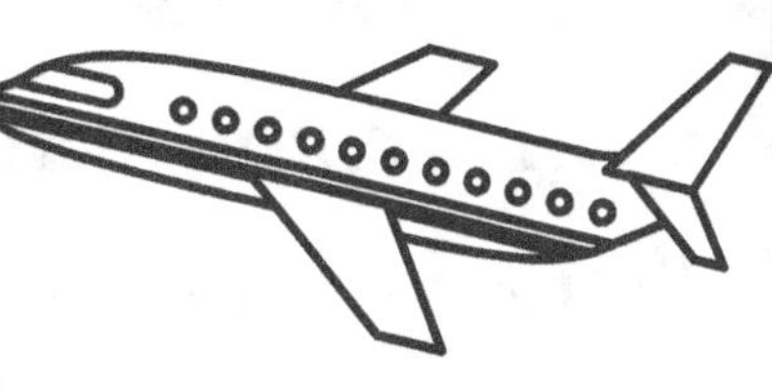

BLAGUE 43

Un garçon demande à son père:– Papa, pourquoi regardes-tu seulement les rayons les plus bas à l'épicerie?– Pour trouver les prix les plus bas!

BLAGUE 44

– C'est incroyable : mon fils qui n'a que trois ans sait dire son prénom aussi bien à l'endroit qu'à l'envers, dit une maman à son amie.– Mais comment s'appelle ton fils? demande alors son amie.

BLAGUE 45

Un curieux demande:-Est-ce vous qui domptez ces panthères féroces?-Non, j'aurais trop peur! Moi, je me contente de les brosser et de leur laver les dents!

BLAGUE 46

Le soir de Noël, deux saucisses se retrouvent dans une casserole. L'une dit alors :– Il fait chaud non? L'autre se met à crier :– Oh mon dieu, au secours! Une saucisse qui parle!

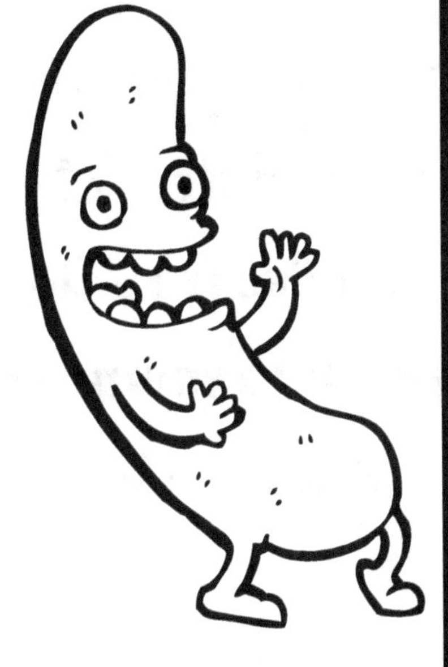

BLAGUE 47

Un petit garçon appelle sa grand-mère pour lui souhaiter un joyeux Noël :– Allo, qui est-ce? Demande la grand-mère.– C'est ton petit fils.– Je ne t'avais pas reconnu, lui dit-elle.– C'est normal je me suis fais couper les cheveux.

BLAGUE 48

Un patient vient consulter, et dit à son médecin :– Docteur, je perds la mémoire.– Depuis quand?– Depuis quand quoi?

BLAGUE 49

Où les poules vivent-elles en hiver? A Liverpool.

BLAGUE 50

Un gamin raconte à son copain :- Il paraît que mon grand-père met de l'argent sous son oreiller, pour que la petite souris lui ramène des dents!

Qu'est ce qui est pire que trouver un ver dans une pomme qu'on a croqué?

En trouvant seulement la moitié...

La maîtresse demande à un élève:- Pourquoi Charlemagne a-t-il inventé l'école?- Parce qu'il ne risquait plus rien. Il était déjà trop vieux pour y aller!

BLAGUE 53

L'institutrice demande à un élève:- Quand je dis "il pleuvait", de quel temps s'agit-il?- D'un sale temps, m'dame!

BLAGUE 54

Une maman moustique prévient ses petits:- Ne vous approchez jamais des humains, ils essaieront de vous tuer.- C'est faux, maman. Hier, il y en a un qui a passé la soirée à m'applaudir!

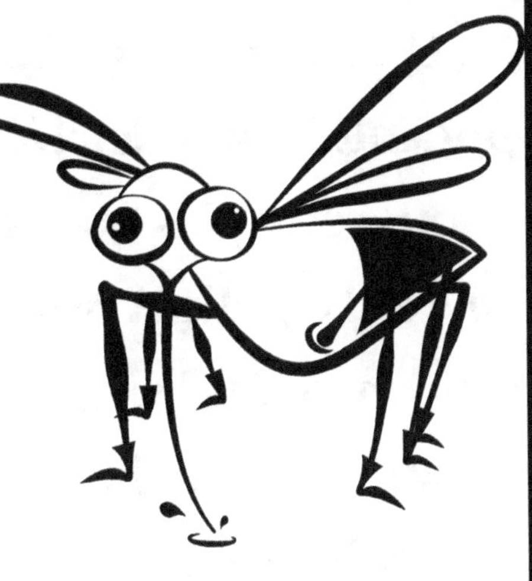

Pourquoi le gorille a t'il des grosses narines ? Car il a des gros doigts!!!

Un docteur dit a son patient:"Je suis désolé, il ne vous reste plus que dix à vivre".Le patient affolé lui demande:"Dix quoi? Années? Mois? Jours?"Le docteur répond:"9".

BLAGUE 57

Avoues, tu tu tu tu tu tu tu tu tu tu tu tu tu tu tu tu tu tu tu tu tu tu tu tu tu tu tu tu tu tu tu tu tu tu tu tu tu tu tu tu tu tu tu tu tu tu tu tu tu tu tu tu tu tu tu es tellement faignant que tu n'as même pas lu tous les "tu"!!!

BLAGUE 58

Moi, je dis que les girafes n'existent pas. C'est un cou monté!

BLAGUE 59

Une mère demande à son fils:- Pourquoi as tu mis le journal au frigo?- C'est pour avoir des nouvelles plus fraiche!

BLAGUE 60

Nicolas demande à un copain:- Qu'est-ce que ça veut dire: I don't know? Et l'autre répond:- Je ne sais pas!

Énigme 1

Il t'appartient complètement, cependant, tout le monde l'utilise... qu'est-ce?

Ton nom

Énigme 2

Il y avait sept oiseaux sur une branche. Un oiseau a été mangé par un chat. Combien d'oiseaux reste-t-il sur la branche ?

Aucun, ils sont partis car ils ont eu peur du chat

Qu'est-ce qui entre dur mais qui sort tout doux et tout mou?

Le chewing-gum

De quelle couleur sort un cheval blanc après s'être baigné dans la mer noire?

Blanc

Enigme 5

Sans moi "Paris" serait "pris". Qui suis je?

La lettre a

Énigme 6

Je suis à l'abri et cependant toujours humide. Qui suis je?

La langue

Qu'est-ce qui commence par E, fini par E, et contient une lettre?

Une enveloppe

Quel mot de 11 lettres contient toutes les voyelles de l'alphabet?

Introuvable

Enigme 9

Comme est-ce qu'un homme peut ne pas dormir pendant 8 jours?

En dormant la nuit

Énigme 10

Qu'est-ce qui monte mais qui ne descend jamais ?

L'âge

Énigme 11

On peut me trouver au fond d'un bateau de pêche ou au milieu d'un court de tennis. Qui suis-je donc?

Le filet

Énigme 12

Je ne peux pas marcher, j'ai pourtant un dos et quatre pieds. Qui suis-je?

Une chaise

Enigme 13

Combien de gouttes d'eau peut-on mettre dans un verre vide?

Une seule, parce qu'après le verre n'est plus vide!

Énigme 14

Trois poissons sont dans un seau, l'un d'entre meurt, combien en reste t-il?

3, car même si un des poissons meurt, il reste dans le seau

Énigme 15

Combien de temps peut vivre une souris?

Cela dépend des chats!!!

Énigme 16

Je suis Sophie, mais je ne suis pas Sophie. Qui suis-je?

Son chien

Énigme 17

Je ne fais pas de bruit quand je me réveille mais je réveille tout le monde. Qui suis-je?

Le soleil

Énigme 18

Pierre et Marie sont deux enfants d`une famille nombreuse. Pierre a deux fois plus de soeurs que de frères et Marie a autant de frères que de sœurs. Combien d'enfants sont-ils?

7 enfants, soit 4 filles et 3 garçons

Qu'est ce qui est plus grand que la Tour Eiffel, mais infiniment moins lourd.

Son ombre

Je porte des lunettes mais je n'y vois rien. Qui suis-je?

Le nez

Enigme 21

J'ai 1000 frère, chacun en a 1000. Combien nous sommes?

1001

Énigme 22

Aussitôt que l'on me nomme, je n'existe plus. Qui suis-je?

Le silence

Enigme 23

Quel est l'arbre qui donne des dattes?

Le calendrier

Énigme 24

En ce moment citez deux choses qui sont identiques en étant différents sans être réel?

Les ! de identiques et différents. Ces ! appartiennent à différents mots mais c'est un même !

Enigme 25

Qu'est-ce qui a deux aiguilles mais qui ne pique pas?

Une montre

Énigme 26

Qu'est-ce qui est né grand, et qui meurt petit?

Une bougie

Énigme 27

Quel est le comble pour deux nuages?

D'avoir un coup de foudre

Énigme 28

Quel est le type de magasin qui marche le mieux?

Les magasins de chaussures

Énigme 29

Qui se lève sans faire de bruit?

Le jour.

Énigme 30

Dans quel pays ne bronze t'on pas du nez?

Le Népal

Énigme 31

C'est le fils de ma mère mais c'est pas mon frère, qui est-ce?

C'est moi

Énigme 32

Qu''est ce qui a 2 branches mais pas de feuille?

Des lunettes

Énigme 33

Que dit une virgule à un point?

Arrête de me couper la parole ou je te mets entre parenthèses!

Énigme 34

Quel est le fruit préféré des militaires?

La grenade

Qu'est-ce qui peut faire le tour d'une maison sans bouger?

Le mur.

Qui tombe sans se faire mal?

La nuit

Énigme 37

Quel est le mode de transport préféré des vampires?

Le vaisseau sanguin

Énigme 38

Quand je mange je grandis et quand je bois je meurs. Qui suis je?

Le feu

Énigme 39

Quel est le fruit qui a ses pépins à l'extérieur?

Énigme 40

Un citron rentre dans une banque pour l'attaquer, il sort son pistolet. Que dit-il?

Énigme 41

Quelle est l'expression que les vampires répètent souvent?

Bon sang

Énigme 42

On m'entend mais on ne me voit pas. Qui suis-je?

La voix

Énigme 43

Qu'est ce qui réfléchit sans réfléchir?

Le miroir

Énigme 44

Qu'est ce qui peut traverser une fenêtre qui est fermée?

Le soleil

Énigme 45

Quel est l' animal le plus collant?

Le dromadaire... parce que le drom adhère!

Énigme 46

Que dit un mur a un autre mur?

On ne sait pas parce qu'ils murmurent

Enigme 47

J'ai un pied mais je ne marche pas.
Qui suis-je?

Le champignon

Énigme 48

Quel est le numéro préféré du vampire?

Quel est le fruit qui vous sort des ennuis?

L'avocat

Que faut-il casser avant de l'utiliser?

Un oeuf

Énigme 51

Un ours parcourt 26 km vers le Sud. Ensuite, il marche 19 km vers l'Est. Enfin, il parcourt 57 km vers le Nord. Combien de Km a-t-il parcouru?

102 km

Énigme 52

Lors d'une course, un coureur double le second ; à quelle position se trouve-t-il?

Deuxième position

Quel lien de parenté existe entre moi et le frère de mon père?

C'est mon oncle

Qu'est-ce qui a un pic qui ne pique pas?

La montagne

Qu'est-ce qu'on a toujours devant mais qu'on ne peut pas voir?

Le nez

Qu'est-ce qui pèse plus un kilo de plume ou de plomb?

Les deux pèsent 1 kilo

Énigme 57

Le père de Jean a 4 enfants : Lucas, Sandra, Julia et… comment s'appelle le quatrième?

Jean est le quatrième fils

Énigme 58

Un train électrique voyage de Madrid à Barcelone, vers où va la fumée du train?

Les trains électriques ne projettent pas de fumée

Énigme 59

Qu'est-ce qui va du haut vers le bas en restant toujours au même endroit?

Les escaliers

Énigme 60

Le mot four commence par F et termine par T. est-ce que c'est vrai?

C'est vrai, car four commence par F et termine par T

Énigme 61

Certains mois ont 30 jours, d'autres 31. Combien ont 28 jours?

Énigme 62

Je commence la nuit et termine le matin, qui suis-je?

Un flamant rose pèse quatre kilogrammes quand il se tient debout sur deux pattes. Combien de kilogrammes pèsera-t-il s'il lève une patte?

Quatre kilogrammes

Le thermomètre montre +10 °C. Combien de degrés montreront deux thermomètres?

Toujours +10 °C

Énigme 65

Pierre met 10 minutes pour aller à l'école. Combien de minutes mettra-t-il s'il y va avec un copain?

Toujours dix minutes

Énigme 66

Il y a huit bancs en bois dans un parc. Trois bancs ont été peints. Combien de bancs y a-t-il maintenant dans le parc?

Toujours huit bancs

Énigme 67

Je m'appelle Marc. J'ai une sœur. Ma sœur a un frère. Comment s'appelle-t-il?

Il s'appelle Marc

Énigme 68

Qu'est-ce qui est plus léger - un kilo de pierres ou un kilo de barbe à papa?

C'est pareil

Énigme 69

Est-ce qu'un chat peut sortir d'une cave avec deux têtes?

Oui, s'il a attrapé une souris

Énigme 70

Je transforme une plante en une planète. Qui suis-je?

La lettre "è"

Charade 1

Mon premier est la note de musique qui suit la note SOL. Mon second est fabriqué par le boulanger. Mon tout a de grandes oreilles.

Lapin

Charade 2

Mon premier est le contraire de dur. Mon second t'appartient. Mon tout broute l'herbe.

Mouton

Charade 3

Mon premier est une suite de sons. Mon second est le contraire de tard. Mon tout est un véhicule à deux roues.

Moto

Charade 4

Mon premier est la première lettre de l'alphabet. Mon second est le premier mot de la négation. Mon tout ressemble a un cheval.

Âne

Charade 5

Mon premier est la première syllabe de « Parapluie ». Mon second me permet de marcher. On le met souvent à terre.

Pied

Charade 6

Mon premier est un animal de compagnie. Mon second est le contraire de tard. Mon tout est défendu par des chevaliers.

Château

Charade 7

Mon premier sent mauvais. Les oiseaux vivent dans mon second. Mon tout n'est pas très apprécié des enfants.

Puni

Charade 8

Dans mon premier, on peut parfois trouver des vaches. Mon deuxième est le contraire de « oui ». Tout le monde possède mon tout.

Prénom

Charade 9

Mon premier nous est utile pour manger. Mon deuxième représente un groupe de personnes dont le sujet fait partie. Mon tout sert à fermer les bouteilles.

Aurélie

Charade 10

Les canards se baignent dans mon premier. Mon deuxième est l'inverse de « tard ». Mon tout sert à enfoncer des clous.

Marteau

Charade 11

Mon premier fait 365 jours. Mon deuxième est le petit d'une biche. Mon tout n'est pas encore un adulte.

Enfant

Charade 12

Mon premier se balade sur la tête des enfants. Mon deuxième est le contraire féminin de « moche ». Quand on ouvre mon tout, on la referme rapidement.

Poubelle

Charade 13

Les trains finissent leur voyage dans mon premier. Mon deuxième augmente chaque année. Mon tout est un espace réservé généralement aux voitures.

Garage

Charade 14

Mon premier est le contraire de « sur ». Je fais mon deuxième quand je regarde une comédie drôle. Mon tout est censé être contagieux.

Sourire

Charade 15

Mon premier peut-être utilisé à la place des clous. Mon deuxième change chaque année. Nous voyons généralement mon tout le matin, dans la salle de bain.

Visage

Charade 16

Mon premier apparaît si l'on mélange rapidement de l'eau et du savon. Mon deuxième est une raison de mettre son linge à laver. Mon tout est parfois à la mode.

Moustache

Charade 17

On utilise mon premier pour jouer à certains jeux de société. Mon deuxième est un animal qui vit dans les forêts françaises. Mon tout arrive à la fin du repas.

Dessert

Charade 18

Mon premier est un animal qui mange des souris. Mon deuxième est un animal qui vit dans les égouts. Mon troisième est un chiffre entre un et cinq. Mon tout est ce que je suis en train de faire.

Charade

Charade 19

on premier est le contraire de «
haut ». Mon deuxième est le
contraire de « tard ». Mon tout
se déplace sur l'eau.

Bateau

Charade 20

Mon premier est une note de musique.
Mon deuxième n'est pas épais. Mon tout
est un animal qui vit dans l'eau.

Dauphin

Charade 21

Mon premier est un métal précieux. Mon deuxième est un habitant des cieux. Mon tout est un fruit délicieux. Qui suis-je ?

L'orange

Charade 22

Mon premier est entre 1 et 3. Mon deuxième est l'inverse de la mort. Mon troisième est l'inverse de flou. Que suis-je ?

La devinette

Charade 23

Mon premier est un métal précieux. Mon deuxième est un habitant des cieux. Mon tout est un fruit délicieux. Qui suis-je ?

L'orange

Charade 24

Mon premier est entre 1 et 3. Mon deuxième est l'inverse de la mort. Mon troisième est l'inverse de flou. Que suis-je ?

La devinette

Combien y a t-il de carrés ?

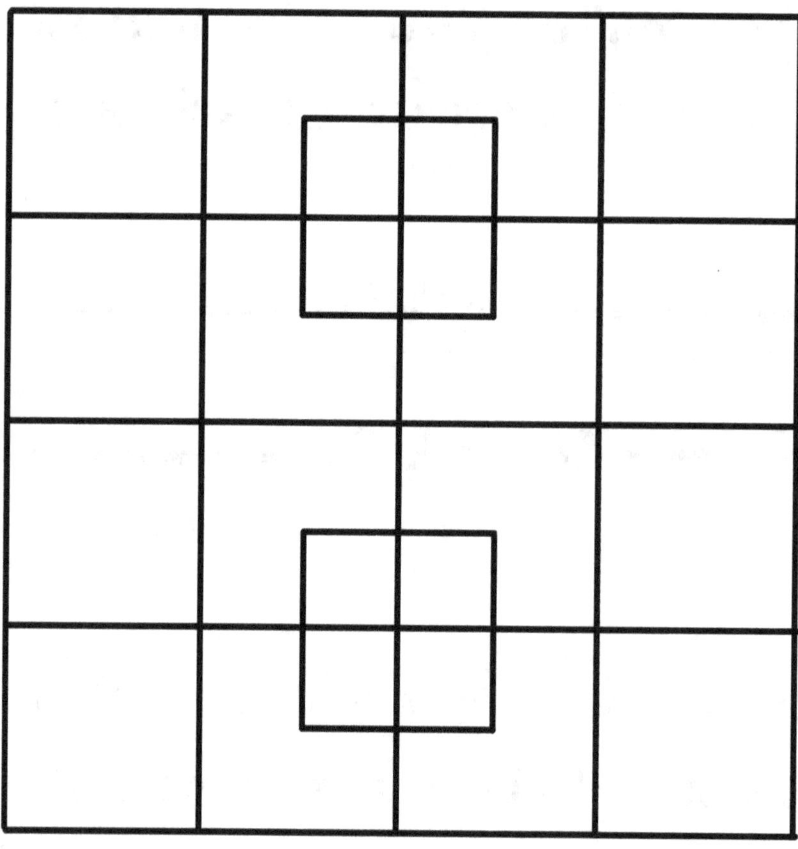

— **Casse tête 2** —

Sur quelle place de parking cette voiture est-elle garée?

| 16 | 06 | 68 | 88 | | 98 |

(87 (indice, retournez l'image)

— **Casse tête 3** —

Quelles sont les lettres qui poursuivent la série ?

68 ST 12 DE 25 VQ 43 ??

Casse tête 4

Combien ça fait

🍒 + 🍒 + 🍒 = **30**

🍒 + 🍌 + 🍌 = **20**

🍌 + 🍓 + 🍓 = **9**

🍌 + 🍓 **X** 🍒 = **?**

Bougez une seule alumette

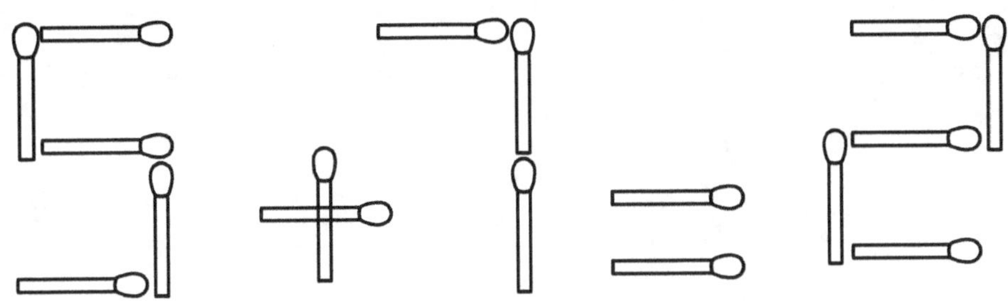

9-7 = 2

━━ **Casse tête 6** ━━

Je suis à la fin du matin
Au début de la nuit
Au milieu de la journée
Absent du midi
Deux fois dans l'année
Qui suis-je?